JN337085

Costa d'Eva
Tari Nakagawa

中川多理人形作品集
イヴの肋骨

studio parabolica

モノクローム

「Siamese twins #2」

「モノクロームーアリス #1」

「モノクロームーひもろぎ」

「モノクロームーアリス #2」

「ミリアム」

「モノクロームー私の臍」

「キオン」

「モノクロームー私の臍」

「モノクロームー月白(つきしろ)」

「モノクロームーアリス #1」

「モノクロームー斑葉(いさは)」

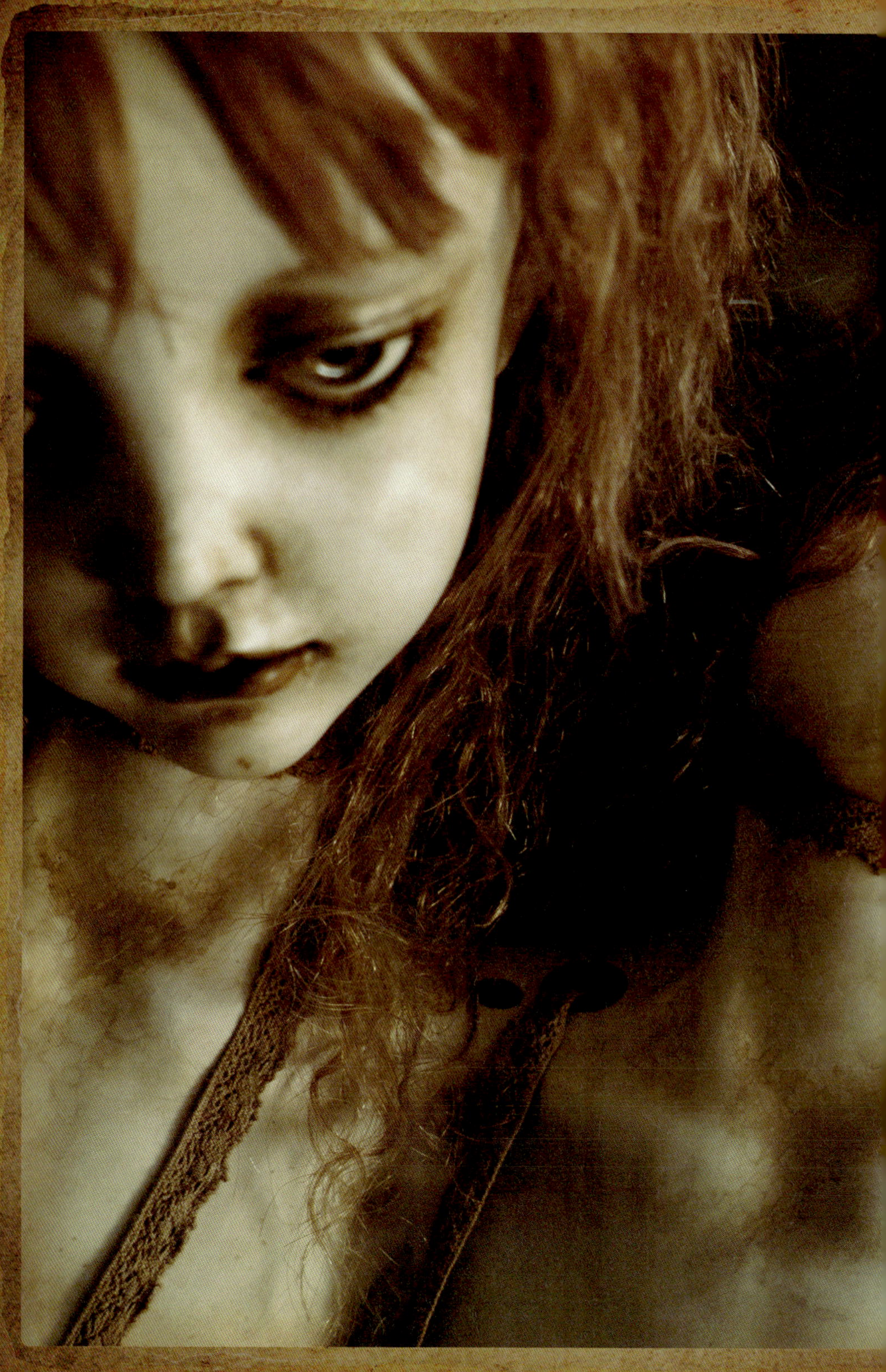

「Siamese twins #1」

「モノクロームー月白」

etching #1 / 2013

白い海

「黒ツグミ #1」「コトリ #1」

「黒ツグミ#1」

「マヒワ」

「コトリ #1」

「イスカ」

「ヒタキ #2」

「コトリ #2」

「ヒタキ #1」

「セミノコ」

「白珊瑚」

「白珊瑚」

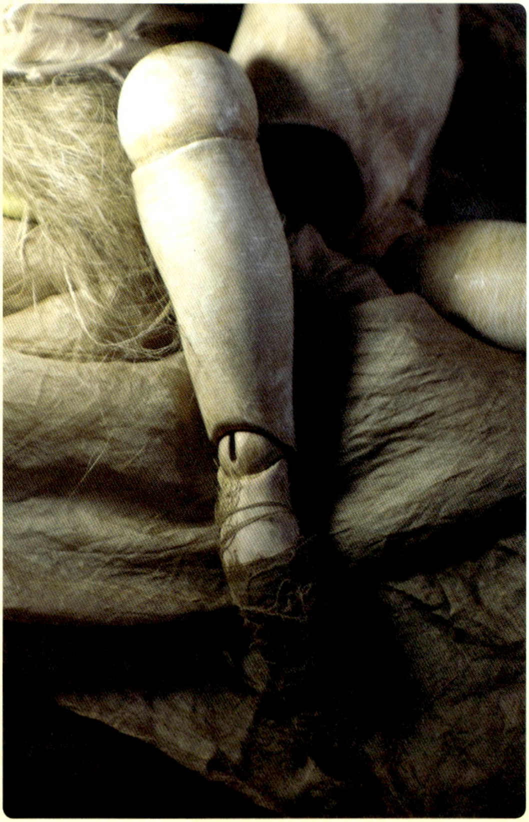

etching #2 / 2013

「prototype」

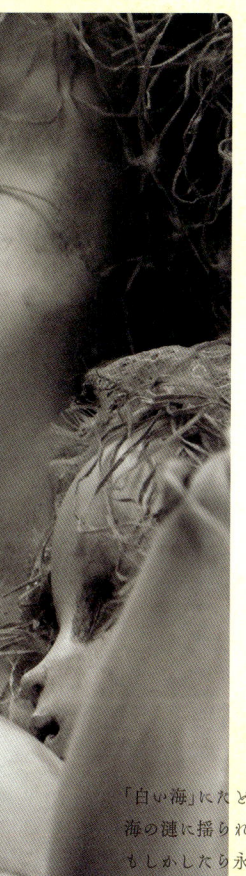

「白い海」にたどり着いた思いは、半年の時を過ごし、繭になり蛹になって再び白い海に浮上する。
海の謎に揺られ、蒼い光に包まれ、それでも孵化しない白い膚をもった未生の子どもたちは、
もしかしたら永遠の孵化期を迎えたのかもしれない。

「Archetype-Anna」

「ヒヨ」

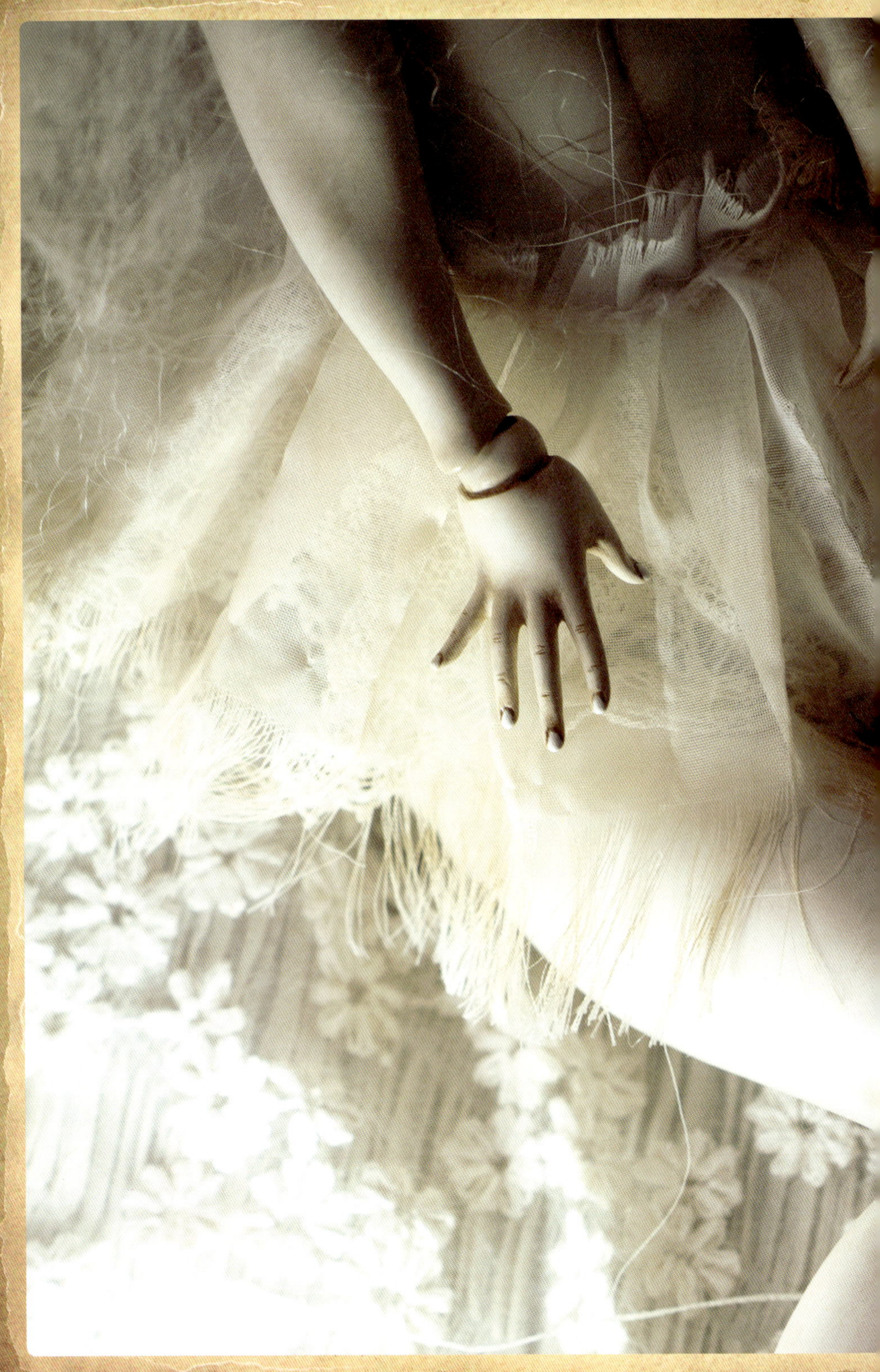

「ヒメコウテンシ」

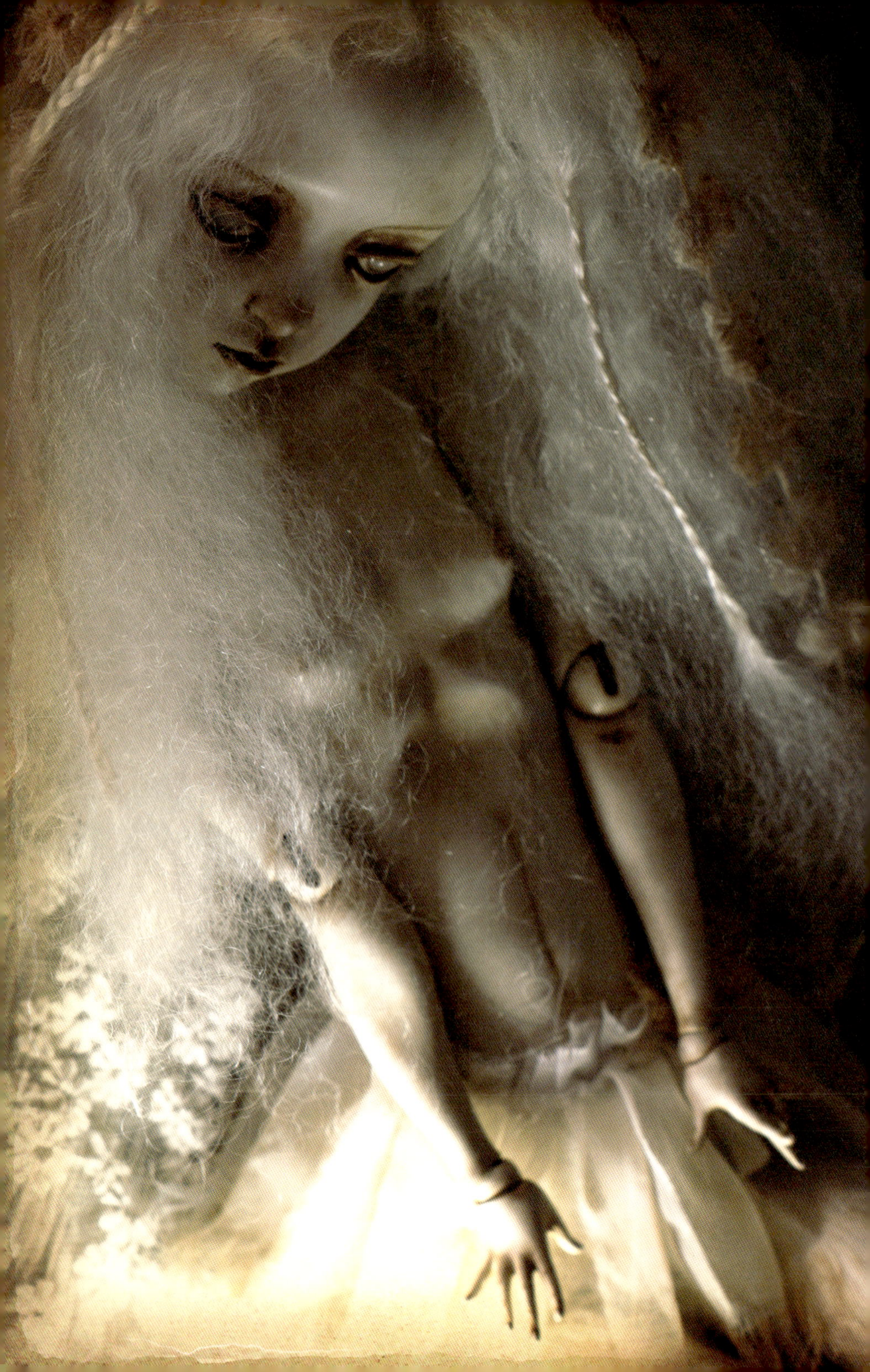

「ヒメコウテンシ」

町は二層の水のなか

そこに二つのナスタンシャ焰
　　　　夜の空にかかる三日月を「黄水晶（シトリン）の薄明穹（はくめいきゅう）」と詠んだ
またアークライトの下を行く犬
　　　　宮沢賢治の、生涯二度に渡る災害の、それゆゑに土と鉱物と天体を見た精神は、
さうでございます
　　　　今、もっともわたしたちに重ね合うものかもしれない。
このお兄さんは
　　　　白い海、方舟、そして薄明穹へ
植物界に於る魔術師になられるでありませう

月が出れば

たちまち木の枝の影と網

そこに白い建物のゴシック風の幽霊

　――　宮澤賢治

薄　明　穹

「blind paper－盲目の地図」

「水琴窟」 「blind paper－盲目の書」

「花籠」

0-4

kotori no tsumasaki
(小鳥の爪先)
コトリ

kotori no tsumasaki
Tari Nakagawa

少年の幼年期のヘソ
Tari Nakagawa

kotori no yubisaki
Tari Nakagawa

(コトリの指先)

kotori no
Tari Naka

魂の欠片

白い海から出帆し方舟がたどり着く薄明穹の湾に、
届けりれる人形の魂の欠片(かけら)。その白の残照。

豆本

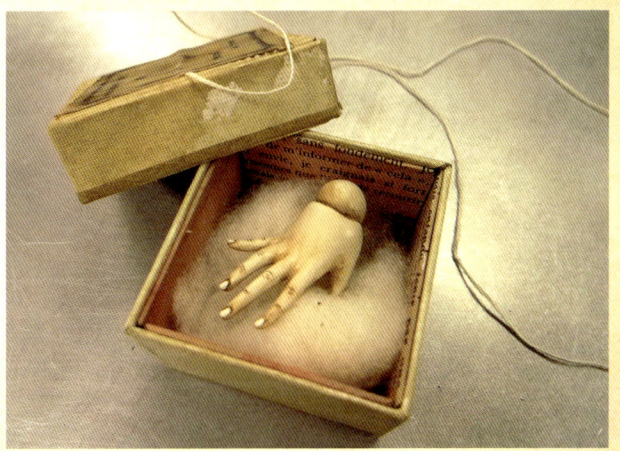

「コジュリン」(白
　　　　　　　(茶

「ヒバリ」足先

失われていた魂の欠片、身体の欠片が、未生の子どもたちと邂逅する。

スノウホワイト

　　　　　目覚めの予兆に少し眉根を寄せながら、未だ眠り続けている少女。

「スノウホワイト－sleep」

「Sign of awakening」

「Sign of awakening」

「スノウホワイト − wake」

「スノウホワイト ― wake」

「White shadow」 「仔羊と子猫で出来た兎」

「White shadow」 「仔羊と子猫で出来た兎」

少年たちの学校

「少年－白晝(まひる)」

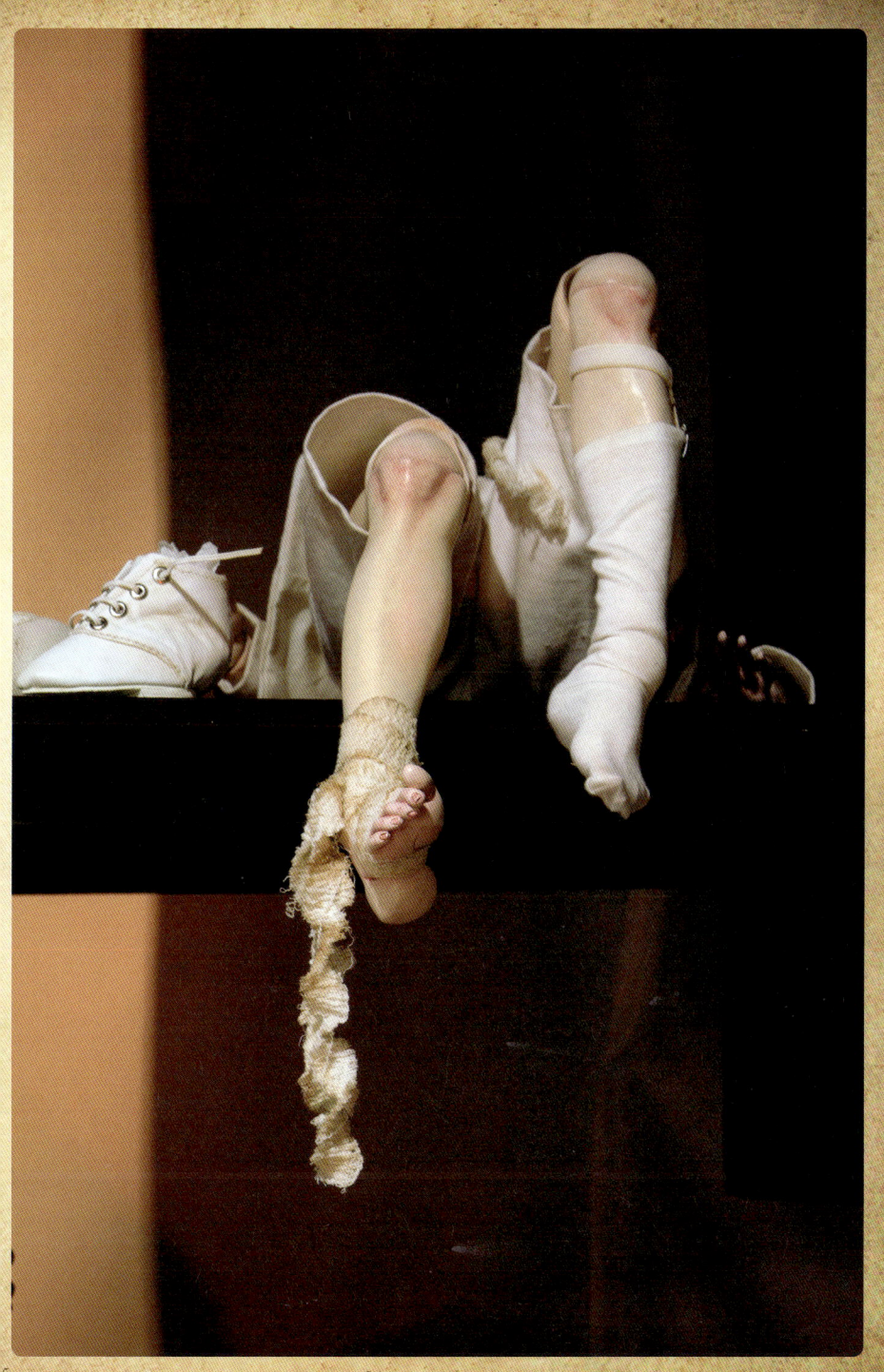

「少年-鳶(とび)」「少年-黒檀(こくたん)」「少年-群青(ぐんじょう)」

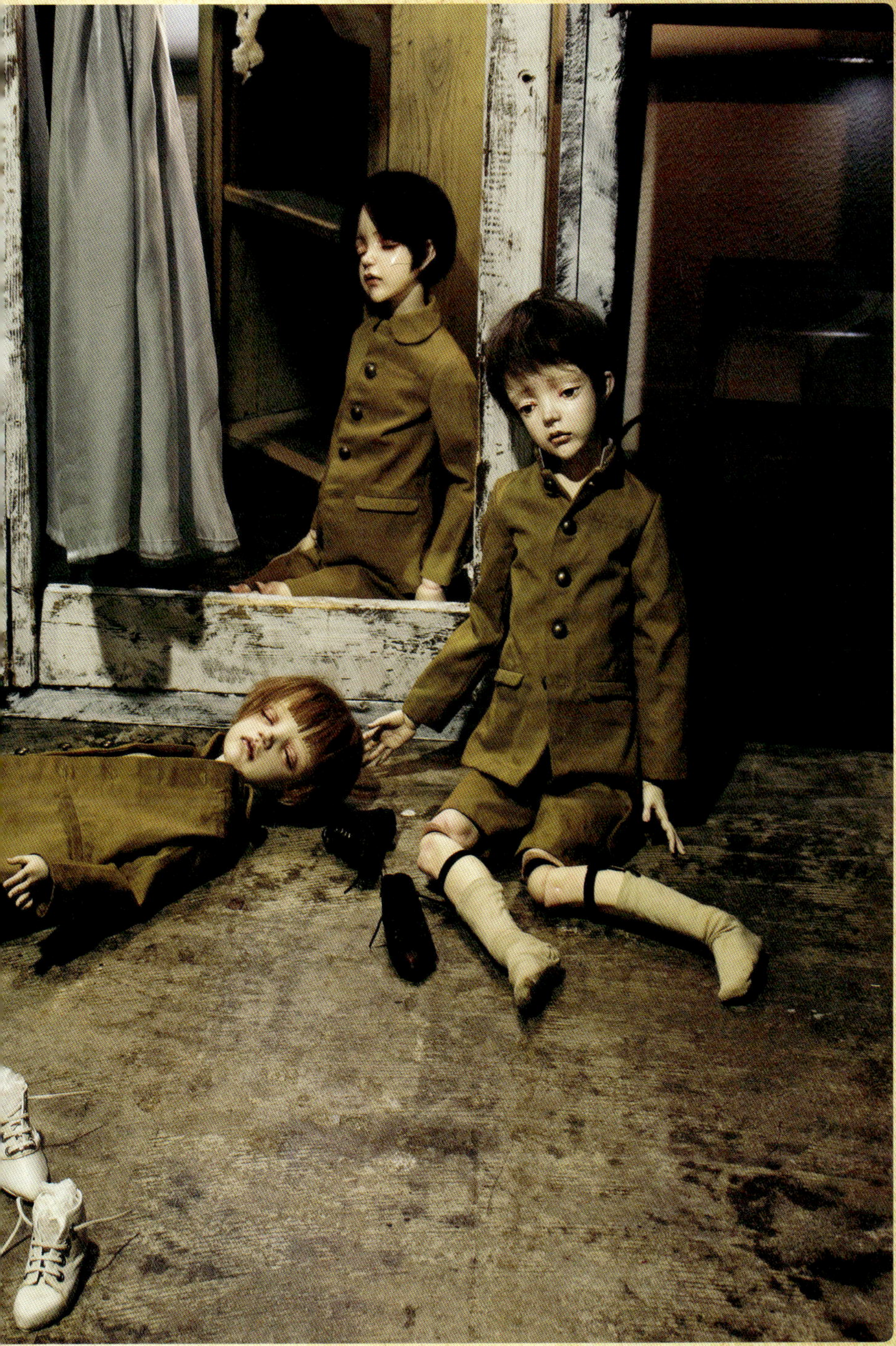

「少年―白晝(まひる)」

「少年－鳶(とび)」

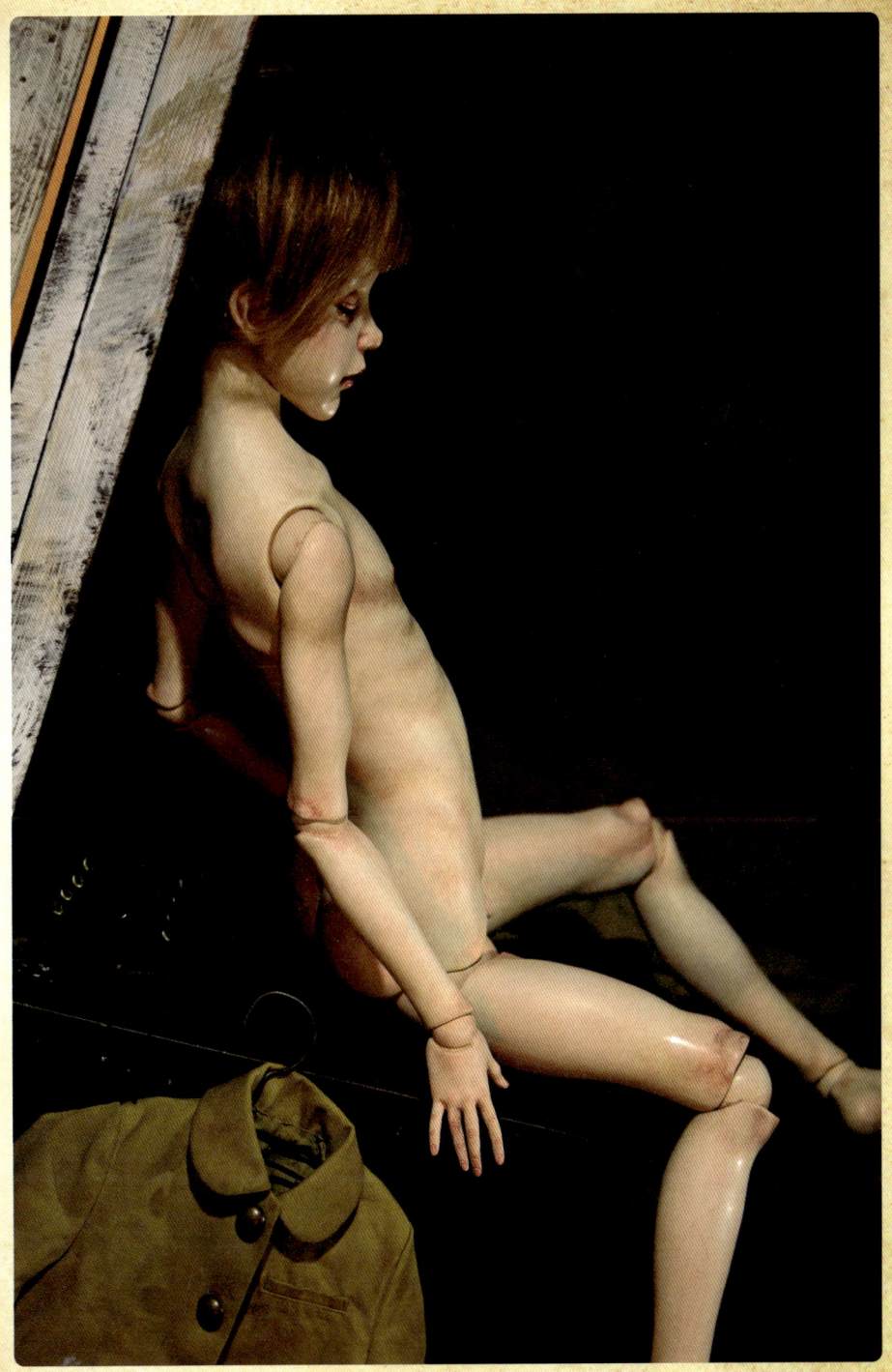

「少年－鳶(とび)」「少年－黒檀(こくたん)」

「纏足の少年－隻眼」

「纏足の少年-アルビノ」

「纏足の少年－眠り目」

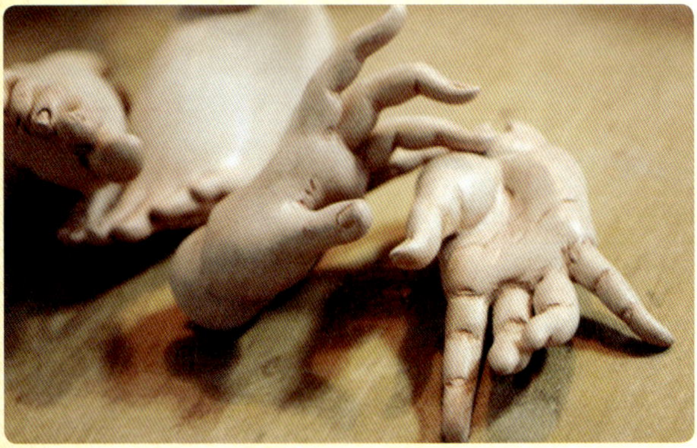

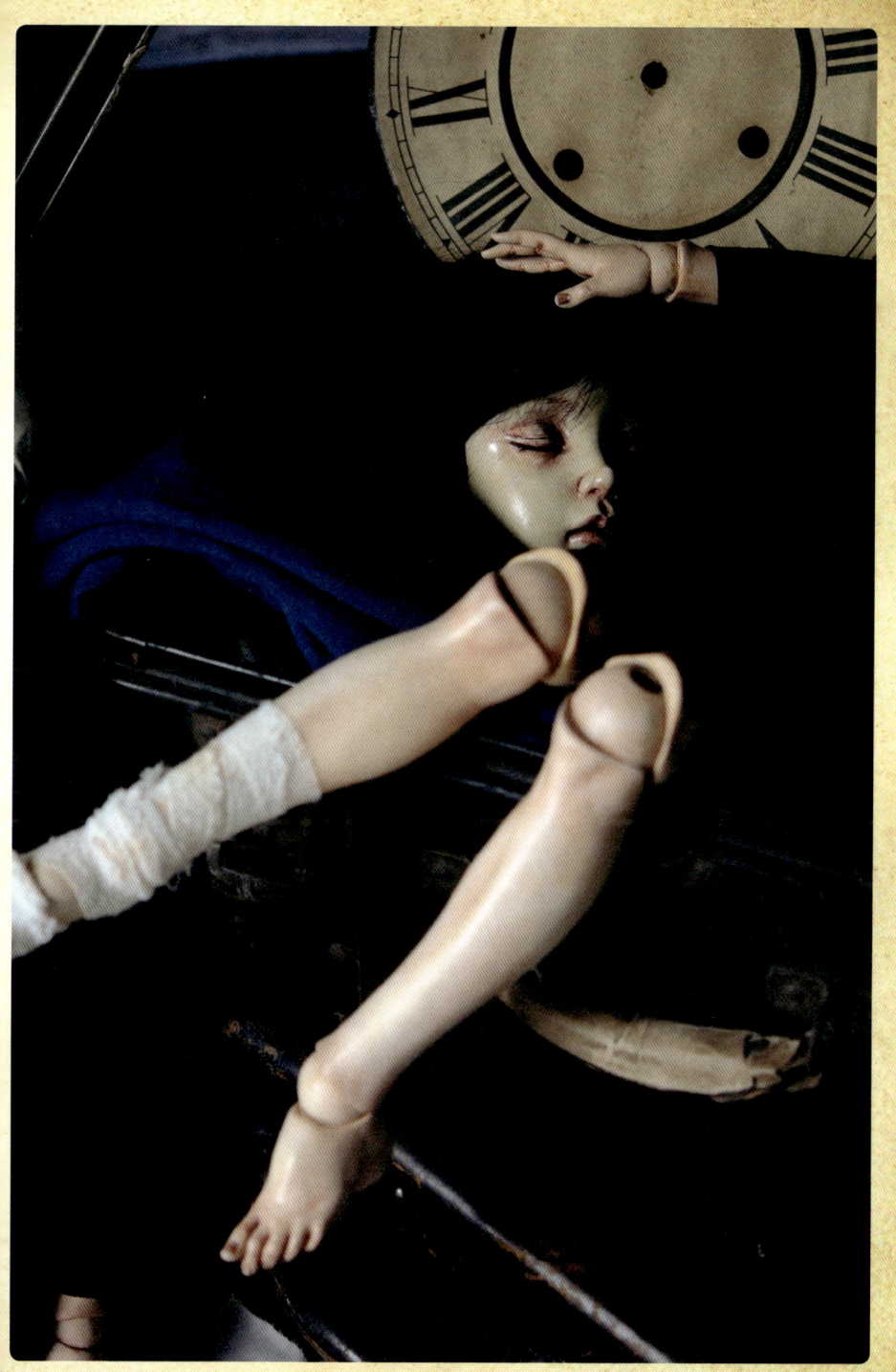

「少年－黒檀(こくたん)」

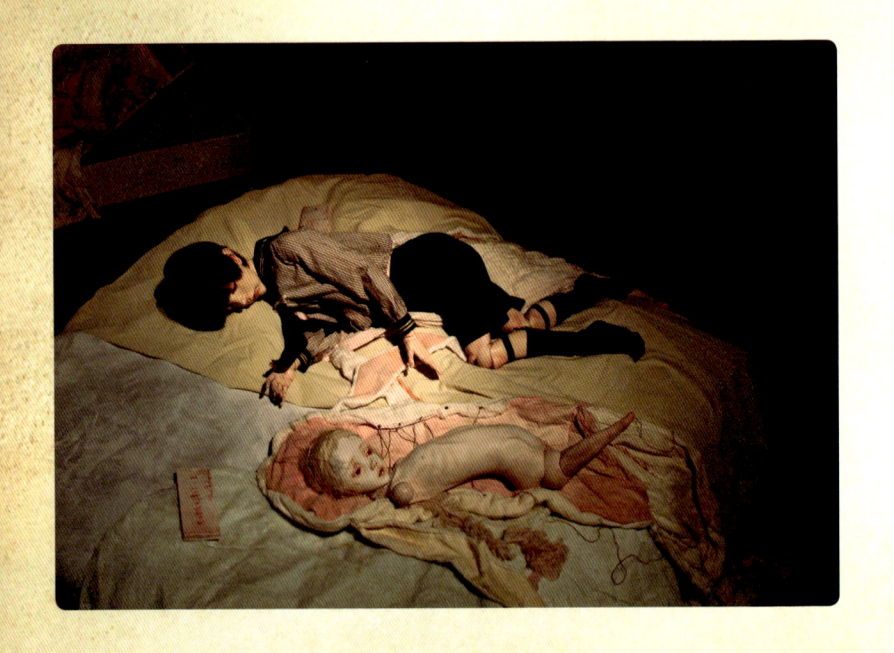

少年と兎

「オニキス」「兎の胞衣を纏う子-Ⅱ」

「兎の胞衣を纏う子-Ⅲ」

「兎と少年」

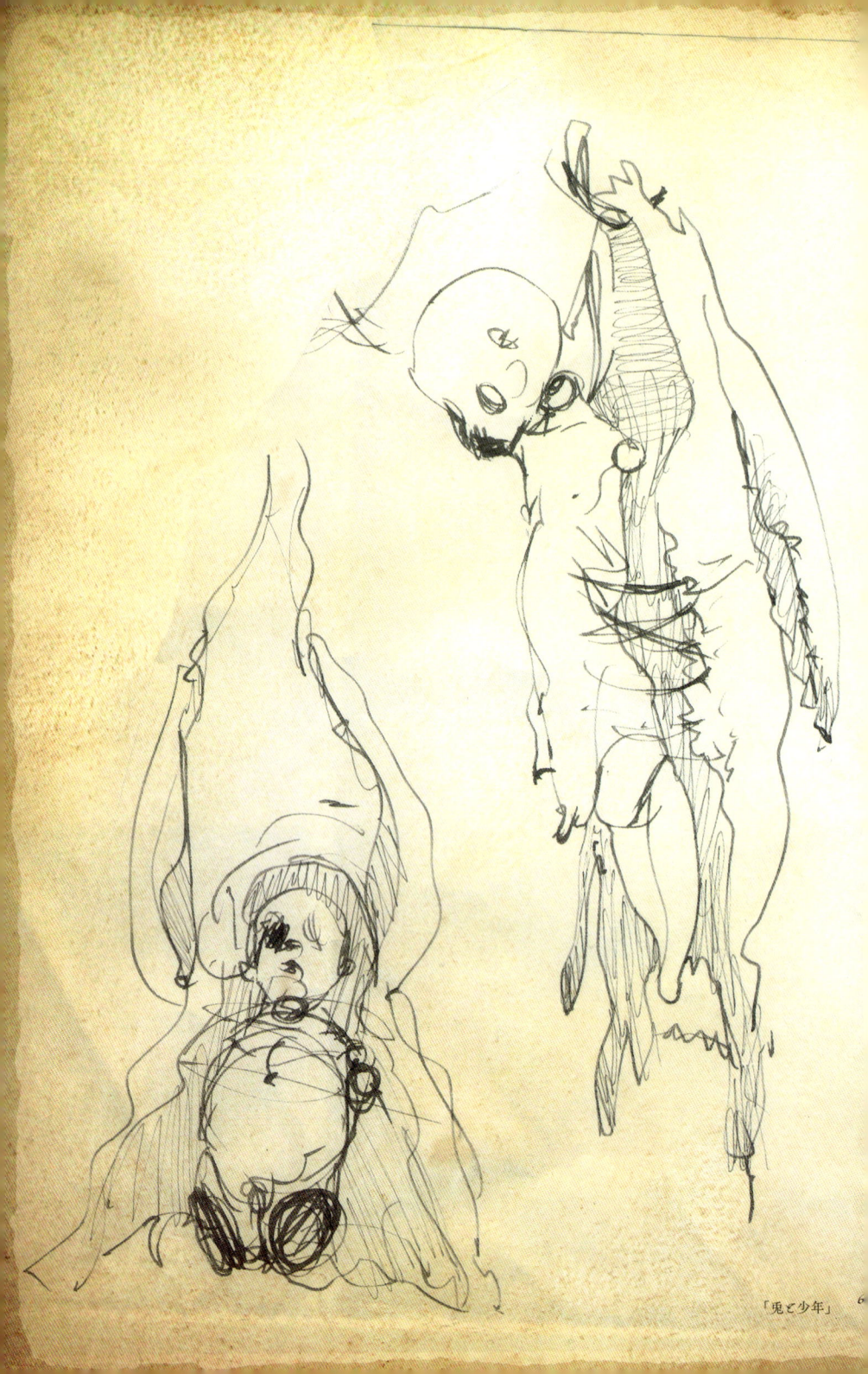

「兎の胞衣を纏う子—III」

和

「紅禿(べにかむろ)」

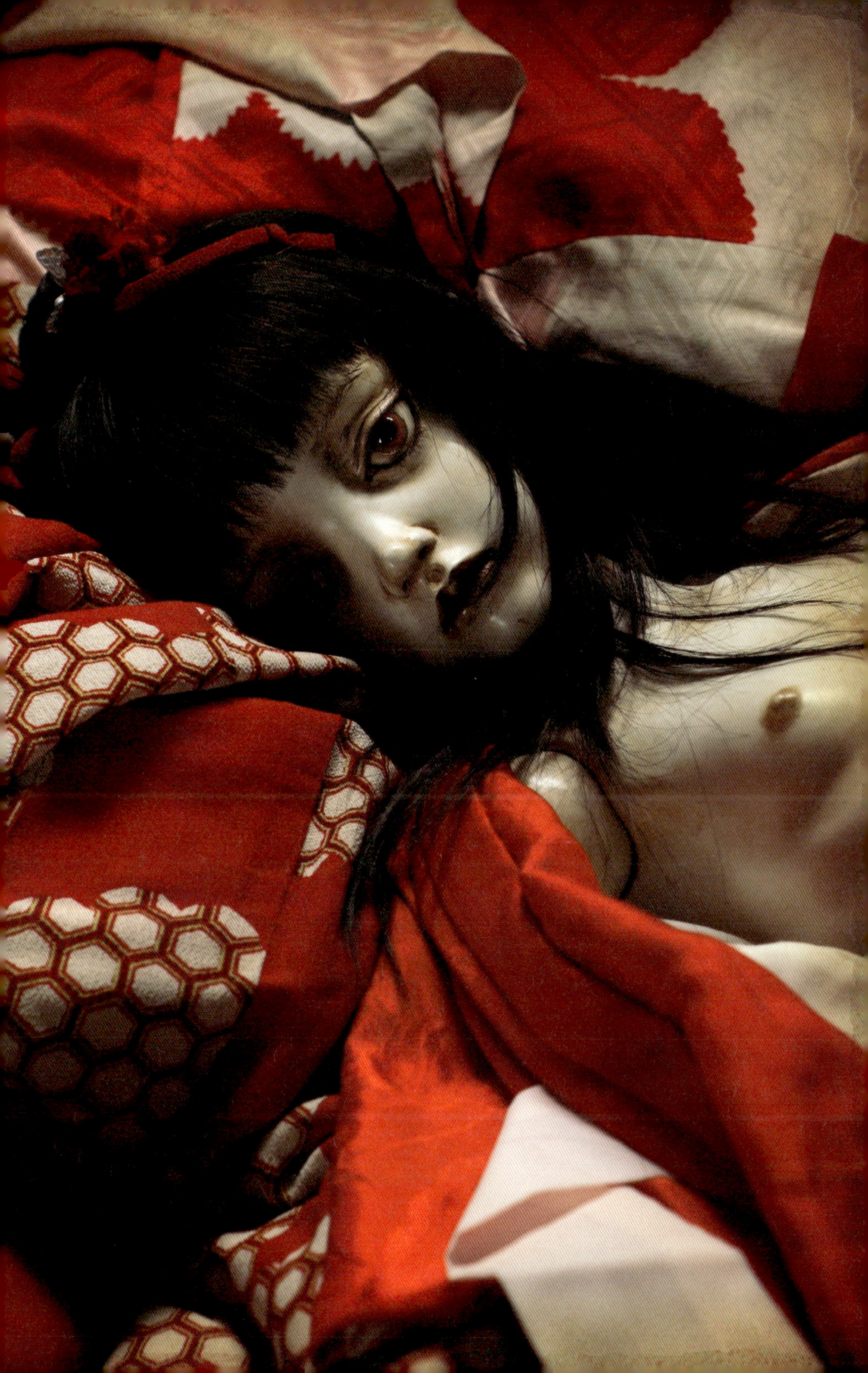

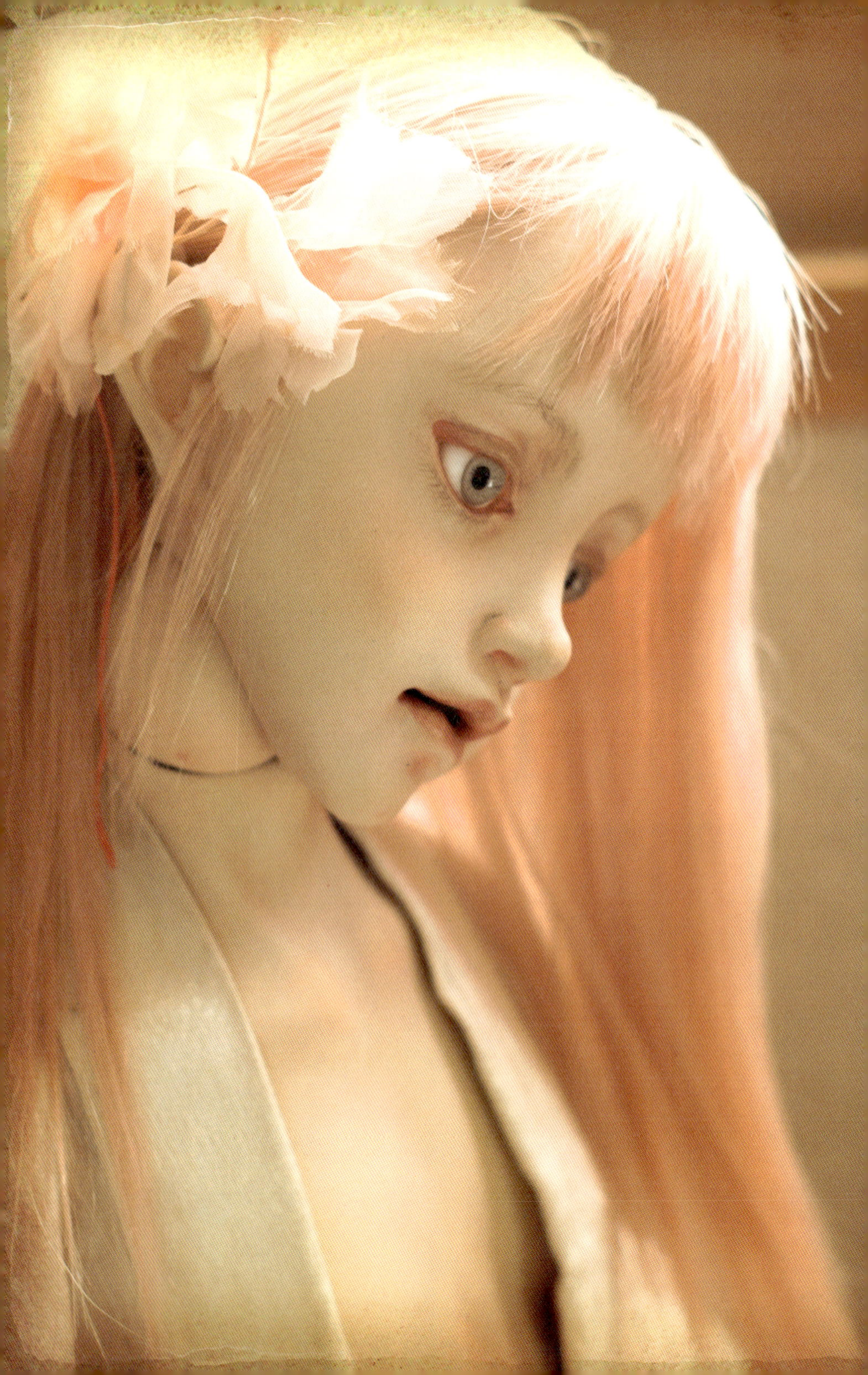

「いちま」

「白鷺」

「モノクローム－寝子」

「苺」

「杏子(あんず)」

etching #3 / 2013

Growing doll

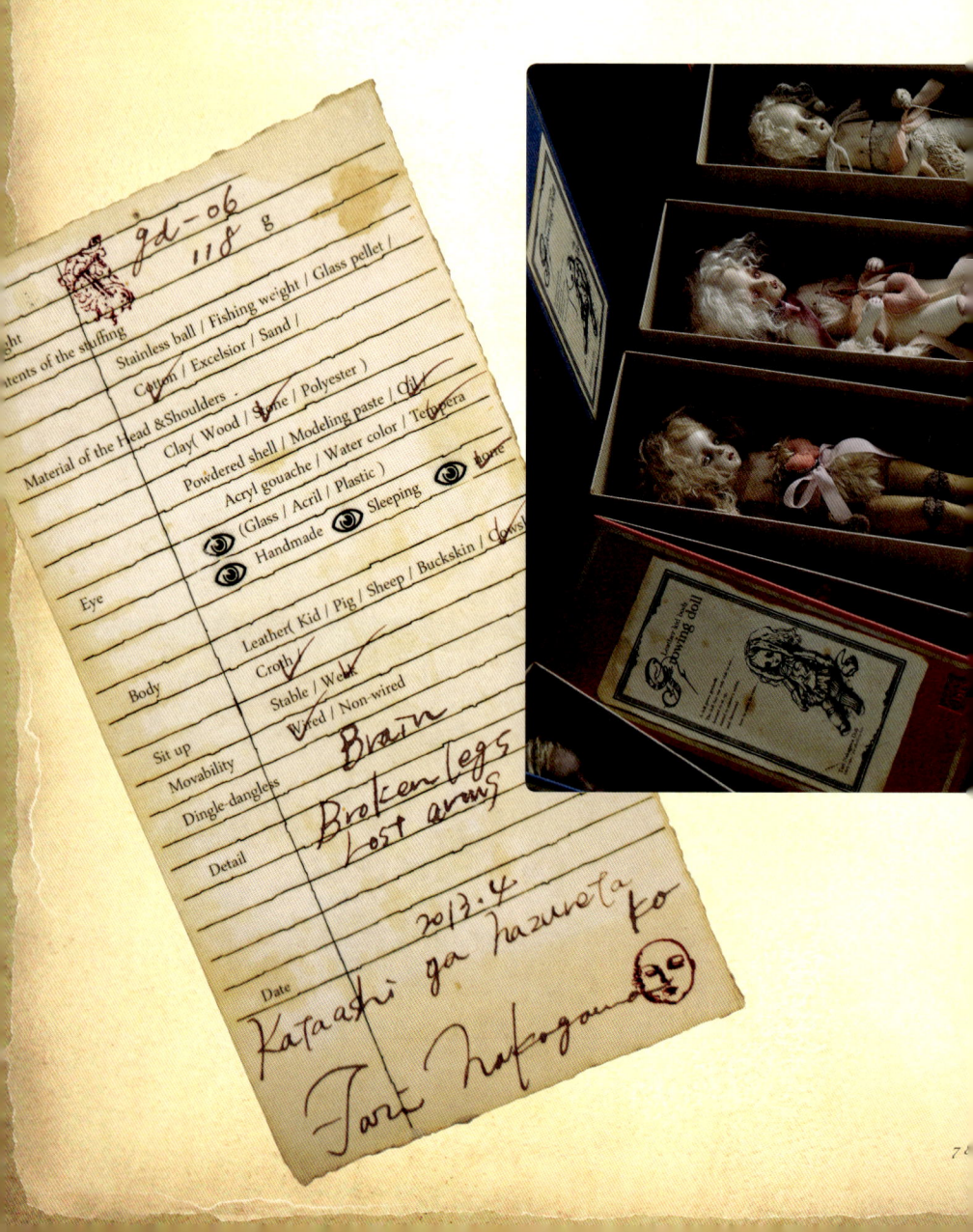

```
gd-06
118 g

Contents of the stuffing    Stainless ball / Fishing weight / Glass pellet /
                            Cotton / Excelsior / Sand
Material of the Head &Shoulders  Cotton / Stone / Polyester
                            Clay( Wood / Stone / Polyester
                            Powdered shell / Modeling paste / Oil
                            Acryl gouache / Water color / Tempera
Eye                         (Glass / Acril / Plastic )
                            Handmade / Sleeping / None
Body                        Leather( Kid / Pig / Sheep / Buckskin / Cow)
                            Cloth ✓
Sit up                      Stable / Weak
Movability                  Wired / Non-wired
Dingle-dangles              Brain
Detail                      Broken legs
                            Lost arms
Date                        2013.4
                            Kataashi ga hazureta ko
                            Toxt Nakagawa
```

「gd-tibi-08」

「gd-11 白猫の擬態をする子」

「gd-10 兎の擬態をする子」

「gd-18 革の花びらを纏う子」

「gd-14 白猫の擬態をする子」

「gd-08 黒猫の擬態をする子」

「gd-25 野良猫の擬態をする子」

「gd-01 食べるだけの子」

「gd-02 兎の擬態をする子」

「gd-05 ナースあるいはメイドの真似をする子」&「gd-tibi-02」

「gd-13 花のような傷をもってこの世に生まれてきた。」

「gd-06 片足が外れた子」

「gd-06 片足が外れた子」

「gd-23 Siamese twins」

❖ 作品リスト

p2〜3	「Siamese twins #2」	h:30cm／2011
p4／12	「モノクローム－アリス #1」	h:70cm／2010
p5	「モノクローム－ひもろぎ」	h:70cm／2009
p6	「モノクローム－アリス #2」	h:70cm／2010
p7	「ミリアム」	h:70cm／2012
p8／10	「モノクローム－私の臍」	h:70cm／2011
p9	「キオン」	h:60cm／2012
p11／16	「モノクローム－月白」	h:30cm／2011
p13	「モノクローム－斑葉」	h:70cm／2009
p14〜15	「Siamese twins #1」	h:60cm／2011
p18〜19	「黒ツグミ #1」	h:30cm／2011
	「コトリ #1」	h:60cm／2011
p20	「黒ツグミ #1」	h:30cm／2011
p21	「マヒワ」	h:30cm／2011
p22	「コトリ #1」	h:60cm／2011
p23	「イスカ」	h:30cm／2011
p24	「ヒタキ #2」	h:60cm／2011
p25	「コトリ #2」	h:60cm／2011
p26	「ヒタキ #1」	h:60cm／2011
p27	「セミノコ」	h:30cm／2011
p28〜29	「白珊瑚」	h:30cm／2011
p32〜33	「prototype」	h:60cm／2012
p34	「Archetype-Anna」	h:80cm／2012
p35	「ヒヨ」	h:60cm／2012
p36〜39	「ヒメコウテンシ」	h:60cm／2012
p41	「blind paper－盲目の地図」	h:60cm／2012
p42	「水琴窟」	h:100cm／2012
	「blind paper－盲目の書」	h:60cm／2012
p43	「花籠」	h:50cm／2012
p47	「スノウホワイト－sleep」	h:90cm／2013
p48〜49	「Sign of awakening」	h:90cm／2013
p50〜51	「スノウホワイト－wake」	h:90cm／2013
p52〜53	「White shadow」	h:90cm／2013
p52〜53	「仔羊と子猫で出来た兎」	h:30cm／2013
p55／58	「少年－白晝」	h:80cm／2013
p56〜57	「少年－鳶」	h:80cm／2013
	「少年－黒檀」	h:80cm／2013
	「少年－群青」	h:80cm／2013
p59	「少年－鳶」	h:80cm／2013
p60	「少年－鳶」	h:80cm／2013
	「少年－黒檀」	h:80cm／2013

p61	「纏足の少年－隻眼」／h:80cm／2012	
p62	「纏足の少年－アルビノ」／h:80cm／2013	
p63	「纏足の少年－眠り目」／h:80cm／2012	
p65	「少年－黒檀」／h:80cm／2013	
p66	「オニキス」／h:80cm／2013 ☆	
	「兎の胞衣を纏う子－Ⅱ」／h:50cm／2013 ☆	
p67	「兎の胞衣を纏う子－Ⅲ」／h:50cm／2013 ☆	
p69	「兎の胞衣を纏う子－Ⅲ」／h:50cm／2013	
p71	「紅禿」／h:60cm／2011	
p72	「白鷺」／h:95cm／2011	
p73	「いちま」／h:60cm／2012	
p74	「モノクローム－寝子」／h:70cm／2010	
p75	「苺」／h:60cm／2012	
p76	「杏子」／h:85cm／2012	

p79	「(gd-tibi-08)」
p80	「(gd-11) Shironeko no gitai wo suru ko」(白猫の擬態をする子)
p81	「(gd-10) Usagi no gitai wo suru ko」(兎の擬態をする子)
p82	「(gd-18) Kawa no hanabira wo matou ko」(革の花びらを纏う子)
p83	「(gd-14) Shironeko no gitai wo suru ko」(白猫の擬態をする子)
p84	「(gd-08) Kuroneko no gitai wo suru ko」(黒猫の擬態をする子)
p85	「(gd-25) Noraneko no gitai wo suru ko」(野良猫の擬態をする子)
p86	「(gd-01) Taberudake no ko」(食べるだけの子)
p87	「(gd-02) Usagi no gitai wo suru ko」(兎の擬態をする子)
p88	「(gd-05) Nurse aruiha Maid no mane wo suru ko」(ナースあるいはメイドの真似をする子)＆「(gd-tibi-02)」
p89	「(gd-13) Wound like a flower – *Kafka's A country doctor*」(花のような傷をもってこの世に生まれてきた。—カフカ「田舎医者」より)
p90～91	「(gd-06) Kataashi ga hazureta ko」(片足が外れた子)
p92	「(gd-23) Siamese twins」
p95	「(gd-21) 流浪ロマンティック」HI-FUKU(非服)：コイケジュンコ ☆
p96	「(gd-23) Siamese twins」＆「(gd-tibi-06) Siamese twins」

＊ p79～96の *Growing doll* 作品　(gd)＝h:30cm／2013　(gd-tibi)＝h:10cm／2013

❖ 銅版画

p17	etching #1 ／2013
p31	etching #2 ／2013
p77	etching #3 ／2013

❖ ドローイング

p68	「兎と少年」drawing／2013

photo：中川多理 *Tari Nakagawa*　☆＝赤羽卓美 *Takumi Akabane*

中川多理　 Tari Nakagawa
DOLL SPACE PYGMALIONにて吉田良氏に師事。筑波大学芸術専門学群総合造形コース卒業。
埼玉県岩槻市出身。札幌市で人形教室を主宰。
http://kostnice.blog105.fc2.com/

❖ グループ展

2010年04月	少女アリス展（渋谷 マリアの心臓）
2011年02月	夜想ベルメール展 part3「ベルメールと日本の球体関節人形」展（浅草橋 パラボリカ・ビス）
2011年08月	八月のパラドックス展（渋谷 マリアの心臓）
2011年09月	花魁 地獄太夫展（渋谷 マリアの心臓）
2011年10月	Arrivederci Maria Cuore（渋谷 マリアの心臓）
2012年12月	大正ロマン人形展覧會（音羽 鳩山会館／人形屋佐吉主催）
2013年01月	Elpis（浅草橋 パラボリカ・ビス）
2013年02月	諸星大二郎トリビュート展（浅草橋 パラボリカ・ビス）
2013年06月	body & clothes 展（浅草橋 パラボリカ・ビス）
2013年11月	少年とウサギ展（浅草橋 パラボリカ・ビス）
2013年11月	夜想#少女展「時にうつろい、時を越える少女たち」（浅草橋 パラボリカ・ビス）
2013年	Little Creatures 展 1 〜 5（浅草橋 パラボリカ・ビス）

❖ 個　展

2009年02月	Down Below - ダウン・ビロウ -（横浜 横濱浪漫館）
2011年06月	白い海（浅草橋 パラボリカ・ビス）
2012年01月	白い海Ⅱ ── 夜想・人形展 2012［レクイエム／ルネサンス］（浅草橋 パラボリカ・ビス）
2012年06月	薄明穹［はくめいきゅう］（浅草橋 パラボリカ・ビス）
2013年01月	Les Catacombes blanches ── 中川多理 ビス・コレクション展（浅草橋 パラボリカ・ビス）

2011年6月「白い海」個展会場風景 ☆

2013年1月「Les Catacombes blanches」個展会場風景

2013年9月「Little Creatures展・3」コイケジュンコとのコラボ作品 ☆

Costa d'Eva ［コスタディーバ］
イヴの肋骨 ── 中川多理人形作品集

2014年3月21日発行

著者✥中川多理
発行人／アートディレクター✥ミルキィ・イソベ｜エディトリアル・デザイン✥ミルキィ・イソベ＋林 千穂｜企画✥今野裕一｜
プリンティング・ディレクター✥森岩麻衣子（凸版印刷株式会社）｜
製作進行✥唐橋美一／菅沼幸治／藤井崇宏（凸版印刷株式会社）｜印刷製本✥凸版印刷株式会社｜
発行✥株式会社ステュディオ・パラボリカ｜東京都台東区雷門1-2-11雷門フコク生命ビル3F 〒111-0034 ☎03-3847-5757／☎03-3847-5780｜

用紙提供✥［見返し式表紙］OKミューズガリバーエクストラ（ホワイトS）菊判T目 118kg｜王子エフテックス株式会社｜

ISBN978-4-902916-29-4 C0072

本書の無断転写、転載、複製を禁じます。乱丁落丁本は弊社にてお取り替えいたします。

「gd-tibi-06 Siamese twins」＆「gd-23 Siamese twins」

Costa d'Eva
doll & photo : Tari Nakagawa

first edition: 21 March 2014

book design by Milky Isobe + Chiho Hayashi │ planning by Yuichi Konno │
printing director: Maiko Moriiwa (Toppan Printing Co., Ltd.) │
production manager: Yoshikazu Karahashi, Yukiharu Suganuma, Takahiro Fujii (Toppan Printing Co., Ltd.) │
printed & bound in Japan by Toppan Printing Co., Ltd. │
cover paper, OK Muse Gulliver Extra White S 37″×25″ 118kg, courtesy of Oji F-Tex Co., Ltd. │
publisher: Milky Isobe │ published by Studio Parabolica Inc. │
1-2-11 Kaminarimon Taito-ku Tokyo 111-0034 Japan │ tel: +81-3-3847-5757 fax: +81-3-3847-5780 │
info@2minus.com │ http://www.2minus.com/ │ http://www.yaso-peyotl.com/ │

© 2014 Tari Nakagawa │ © 2014 Studio Parabolica Inc. │

All rights reserved. No part of this book may be reproduced or transmitted in any form or by any electronic, mechanical means, including
photocopying and recording via information storage or retrieval systems, without prior permission in writing from the publisher.